LETTRE

A MONSIEUR LE MARQUIS

DE LAURISTON,

MINISTRE DE LA MAISON DU ROI,

SUR

L'état actuel de la Scène française, et sur les
réformes qu'elle nécessite ;

PAR UN COMÉDIEN.

PARIS,

Chez {
PONTHIEU, Libraire, Palais-Royal, Galerie de bois,
N.° 252 ;
SAINT-JORRE, Libraire, Boulevard Montmartre, maison
Frascati, N.° 67, près la rue Richelieu.

1822.

M ONSEIGNEUR,

Le désir que votre Excellence paraît avoir de
régénérer la scène française , m'engage à lui
soumettre quelques-uns des moyens qui me sem-
blent les plus propres à atteindre ce but. Ne pou-
vant juger la plupart des abus et des besoins du
théâtre que d'après les rapports qui lui sont
adressés , elle est exposée à être induite en erreur.
Trop éloigné par son rang de l'intérieur des cou-
lisses, elle ignore ce qui s'y passe. L'état que
j'exerce, me l'a appris, et me met à même de lui
faire connaître la vérité. Des hommes de lettres,
des chefs de bureaux pourront lui offrir des
phrases plus élégantes , des discours plus flat-
teurs ; le comédien seul lui présentera les choses sous leur véritable point de vue. Le théâtre
ne se juge pas de la salle : ce n'est pas du rivage ,
que s'acquiert la connaissance des mers; et Votre
Exc. rirait d'un homme parlant de batailles , sans
s'être trouvé dans la mêlée.

La décadence des théâtres provient surtout de ce qu'il n'existe point d'autorité qui les dirige d'une manière spéciale, qui leur consacre ses soins exclusifs. Ils ne forment qu'une des branches du ministère de la maison du Roi. L'étendue des attributions de Votre Exc. ne lui permet de s'en occuper qu'accessoirement, et j'oserais presque dire que leur importance est assez grande, pour réclamer un ministère particulier. Un homme célèbre dans la carrière que Votre Ex. a parcourue, le maréchal de Saxe, ne disait pas sans fondement, qu'une troupe de comédiens étaient plus difficiles à conduire qu'une armée de 60,000 hommes.

Une des causes qui nuisent le plus à la prospérité des théâtres, c'est d'en avoir partagé la surveillance entre plusieurs autorités. Ceux de province dépendent du Ministre de l'intérieur ; à Paris, les uns sont soumis à votre Exc., les autres aux premiers gentilshommes de la chambre. Comment faire concorder ces différens pouvoirs : quels fruits espérer de cette division ? L'unité est le principe de tout ; sans elle, point d'ensemble , point d'ordre , point d'accord. Tant que les théâtres ne seront pas dirigés par la même main, leur marche sera chancelante, incapable de conduire à aucune amélioration.

Un jour peut-être, les théâtres seront ratta-
chés à un but d'utilité plus grand. On cessera de
les regarder comme des jeux uniquement faits
pour amuser le peuple, et on les traitera comme
toutes les institutions réellement utiles. On sen-
tira que pour faire concourir chacun d'eux au
bien commun de l'art, il importe avant tout
de les mettre en rapports, et d'établir entr'eux
l'union qu'ils réclament. Le public s'étonne de
voir la scène française dépérir; mais quelles res -
sources a-t-elle pour subsister? quelles rami-
fications pour s'alimenter? Si les théâtres de pro-
vinces appartenaient à la même administration
que ceux de Paris, s'ils en étaient des succur-
sales, s'ils étaient soutenus et dirigés comme
tels par le gouvernement, alors la scène française prendrait une vie nouvelle, et puiserait
dans leur source une substance assurée.

Aucun abus n'a été plus funeste à la scène,
que celui des sociétés théâtrales. Est-il en effet
rien de plus contraire à la raison, que d'abandonner à des comédiens la gestion d'un théâtre?
J'ai déjà signalé cet abus dans une brochure que
j'ai eu l'honneur de présenter à Votre Exc. (1).
Si elle désire opérer une régénération complète,

______

(1) Idées sur les deux théâtres français ; (1819).

elle doit sur toutes choses, s'empresser de le dé-
truire. C'est de cet abus, que dérivent tous ceux
contre lesquels on se récrie journellement; c'est
lui qui a le plus puissamment contribué à la
décadence de l'art théatral et qui le menace,
avant peu d'années, d'une ruine irréparable.

On a publié mille observations sur l'état de
la scène française; on a indiqué mille moyens
de la faire refleurir. Il n'en est qu'un véritable-
ment efficace, c'est de dépouiller les comédiens
du pouvoir administratif. Et comment des
hommes si difficiles à conduire, pourraient-ils
se conduire eux-mêmes ? Les remèdes les plus
simples, sont-ils donc toujours ceux qu'on tarde
le plus à employer ? Les modifications qui doivent être apportées aux réglemens, le commissaire royal nommé pour en faire observer l'exécution, et toutes les mesures de ce genre ne
guériront pas le mal. Au degré où il est parve-
nu, il faut trancher dans le vif, il faut, je le
répète, casser le pouvoir des sociétaires.

Les intentions de Votre Exc. paraissent
fixées à l'égard du second théâtre français, et
une sorte de ménagement semble encore la
retenir envers le premier. Quel est donc ce
grand coup que depuis si long-temps on hésite
à porter ? Sur quelles bases si solides, sur quels

droits si reconnus sont donc fondées les prérogatives de ces hommes formidables ; dont tout le monde se plaint et que personne n'ose attaquer ? Quels ressorts si puissans faut-il donc mettre en jeu pour opérer cette grande révolution ? Uu mot de Votre Exc. suffit ; qu'elle ordonne à *Agamemnon* de ne plus régner au comité , à *Tuffière* de ne faire l'important que sur la scène, à *Moncade* de garder son impertinence pour madame Abraham.

Les comédiens du théâtre français sont, dit-on , possesseurs de fonds sociaux dont ont ne peut les dépouiller ; sans examiner comment ils les ont acquis, j'admets qu'ils leur appartiennent. Mais ne peut-on pas les leur conserver et leur ôter le droit d'administrer ? C'est ce dernier point qui importe; c'est celui qui intéresse l'art, et ce sera rendre un service à l'artiste lui-même que de l'affranchir d'une responsabilité, uniquement propre à attirer sur lui la mauvaise humeur du public et les sarcasmes des journaux.

Ce n'est pas aux comédiens de juger les comédiens. En quelle matière voit-on les concurrens appelés à décider du sort des concurrens ? L'amour propre pourrait-il ne pas dicter tous leurs jugemens ? Et Votre Exc. sait-elle ce qu'est l'amour - propre d'un comédien? Intéressés au bien commun, dira-t-elle, des sociétaires sont nécessairement portés à y concourir. Non; le bien commun, la gloire du théâtre ne sont rien pour eux; l'amour-propre est tout. Si *Damis* peut écarter un débutant qui lui porte ombrage, si *Célimène* peut briller aux dépens de sa rivale, ils ne compteront pour rien l'intérêt général, ils sacrifiront même, s'il le faut, leur intérêt particulier.

On se plaint de l'importance des comédiens; mais pourquoi leur en donne-t-on, pourquoi en fait-on des personnages importans? Destinés la plupart, par leur naissance, à de modestes professions, ils parviennent non-seulement à exercer un art brillant, mais ils se voient encore les maîtres d'un établissement imposant. *Léandre* coupait les cheveux; il a coiffé une actrice; le théâtre le séduit; il a vu sur une enseigne de la rue Bergère qu'on y apprenait la déclamation; il a du *physique* et de la mémoire; il met l'orthographe, à quelques fautes près; que lui manque-t-il pour être l'interprète de nos plus grands écrivains? Il débute chez Doyen; ses pratiques viennent l'y applaudir; le père a vendu son fonds. Son fils monte sur la scène française; le public le tolère; ses camarades le jugent utile,

bref *Léandre* est sociétaire. Il à voix au cha-
pitre; il décide du mérite des auteurs ; règle les
plaisirs du public; l'autorité elle-même le con-
sulte ; les chefs - d'œuvre dramatiques devien-
nent son bien ; le théâtre français est son do-
maine ; il est chez lui. Etonnez-vous que *Léandre* se croie quelque chose, qu'il porte la tête
haute et daigne vous protéger.

Un comédien est un artiste, non un admi-
nistrateur ; sa tâche est d'étudier le théâtre et
non pas de le gérer. Son art est assez difficile
pour qu'il y consacre tout son temps. Le gros
Orgon ne ferait-il pas mieux de repasser ses
rôles, et d'assurer sa mémoire, que de remplir
à la porte les fonctions de contrôleur? *Procida,*
au lieu d'user son crédit à faire recevoir de
mauvaises pièces, et de conspirer sans cesse
contre le goût et la raison, n'emploierait-il pas
mieux son temps à acquérir quelques notions
de littérature?

Abandonner aux comédiens l'exploitation
d'un théâtre, c'est dénaturer leur état, c'est
changer un art en commerce, c'est former
d'une société d'artistes une compagnie de spé-
culateurs, c'est étouffer le talent sous l'esprit
mercantil. Tant que l'art théâtral ne sera pas
traité comme un art, qu'il ne sera pas soutenu

par le gouvernement d'une manière franche et positive, il lui sera impossible de se relever. C'est en province surtout, que la nécessité de secourir les comédiens se fait sentir. Occupés du soin de leur existence, ils doivent nécessairement sacrifier l'intérêt de leur art à celui de leur bourse. Si une sorte d'aisance leur était garantie, ils pourraient se livrer à leur état, et n'attireraient plus sur leur profession estimable, le mépris que leur misère y attache.

Les théâtres, gouvernés par une administration étrangère aux acteurs, n'offrent-ils pas un exemple frappant des avantages qui en résultent? Leur marche n'est-elle pas plus régulière, leur situation plus florissante? Les acteurs n'y remplissent-ils pas mieux leurs devoirs? Y est-il jamais question de toutes les querelles, de toutes les discussions qui divisent continuellement les sociétés théâtrales? A coup sûr, une société composée d'acteurs qui s'entendraient, qui rapporteraient tout au bien général, qui lui sacrifieraient leur amour-propre, serait susceptible d'une bonne gestion; mais cette supposition n'est pas admissible; de pareils hommes sont introuvables. A l'époque où le Théâtre-Français était le plus florissant, il était, il est vrai, gouverné par une société; mais il se soutenait par le nombre et la force des talens qu'il possédait, par un amour de l'art et une émulation qui ne régnent plus chez les acteurs de nos jours, et qui ont fait place à tous les abus dont nous sommes témoins.

A qui remettre le pouvoir théâtral, me demandera-t-on ? Dans l'abîme où les comédiens ont plongé la scène, je serais tenté de répondre à qui l'on voudra, pourvu que ce ne soit pas à eux. Quelque mal administrée qu'elle puisse être, elle le sera toujours mieux que par des comédiens ; mais, en évitant un abus, ne tombons pas dans un autre. Je ne condamne pas le système républicain des théâtres ; je ne prétends pas qu'on doive lui substituer un gouvernement absolu ; je n'attaque pas la puissance des comédiens, parce qu'elle est partagée entre plusieurs membres, mais je l'attaque parce que ces membres sont des comédiens.

Il faut au Théâtre-Français un gouvernement *représentatif* : il lui faut un directeur ; mais il lui faut aussi un conseil d'administration qui tempère son pouvoir. Ce conseil se composerait d'acteurs retirés, de gens de lettres, d'hommes d'affaires versés dans la connaissance du théâtre, en un mot, de tous ceux en qui l'autorité supérieure reconnaîtrait les juges les plus éclairés et les plus désintéressés.

Le directeur serait le président du conseil, le commissaire du ministre. Il serait chargé de l'exécution des réglemens ; il aurait le maniement des fonds produits et par les recettes et par les secours du gouvernement.

Au conseil d'administration appartiendrait le soin de diriger les intérêts de l'art, le pouvoir d'admettre et rejeter les piéces et les acteurs. Toutes les décisions seraient prises aux voix , et soumises au Ministre , qui , dans les cas de partage, prononcerait en dernier ressort.

Tous les acteurs étant subordonnés à un même chef, l'emploi de chacun étant fixé, cha-cun serait tenu de remplir sa tâche ; les traite-mens seraient proportionnés au talent, les pen-sions basées sur les services. Il y aurait des *feux* pour celui qui remplirait ses devoirs, des amen-des pour celui qui y manquerait : alors toutes les discussions, tous les embarras disparaîtraient ; l'ordre des choses s'améliorerait de lui-même , parce qu'il serait amené par une marche simple, naturelle , conforme à la raison et à la justice.

Au nombre des moyens propres à faire re-fleurir la scène, un des plus efficaces était d'éta-blir un second Théâtre-Français. Son utilité a été reconnue ; mais le but de son institution a été manqué. On n'a pas su le faire tourner au profit de l'art. Votre Exc. s'occupe de le réorganiser ; et elle ne saurait trop se hâter. Plus elle tardera, plus le mal sera difficile à guérir. J'ignore quels sont les projets de réglemens qui lui ont été soumis ; mais je crains bien qu'aux lois existantes , on lui propose d'en substituer qui ne vaudront guères mieux , ou qu'elles soient modifiées de manière à ne pas produire des résultats beaucoup plus satisfaisans. Que Votre Exc. se persuade bien que tout est à changer à l'Odéon , ses réglemens , la composition de sa troupe et jusqu'à l'emplacement et à la construction de l'édifice. Il a besoin d'être assis sur de nouvelles bases , d'être administré par d'autres hommes, d'être assujéti à d'autres lois. On y a introduit tous les abus du premier théâtre , et il ne possède aucun de ses avantages.

S'il était ridicule d'avoir remis le sort du premier théâtre entre les mains des comédiens, combien ne l'est-il pas davantage d'en avoir agi de même au second ? Si des hommes qui ont de l'expérience et de l'habitude des affaires ne peuvent pas se gouverner, comment le pourrait une societé composée de jeunes gens ? Il y a encore cela de tolérable au premier, qu'il n'est régi que par une société ; mais le second, l'est par une société et par une direction : ce sont deux pouvoirs incompatibles , qui doivent se heurter sans cesse , et dout le choc ne peut produire qu'incohérence et anarchie. En effet quel ordre un directeur peut-il donner à une société, maîtresse de ses intérêts ? Cette société, étant responsable , n'a-t-elle pas seule le droit de les gérer ? Que peut alors le directeur ? Ou il usurpe le pouvoir des sociétaires, ou il n'est là qu'un juge de paix, un huissier, dont l'autorité s'étend tout au plus à imposer silence , dans les assemblées, à ces messieurs et à ces dames.

Quoique la balance doive encore pencher long-temps en faveur du premier théâtre, que la composition de sa troupe soit bien supérieure à celle du second , il y avait une foule de rapports sous lesquels ce dernier pouvaient l'emporter. Il pouvait mettre plus de variété dans son répertoire ; plus d'ensemble dans ses représentations, plus de soin dans les divers accessoires de la scène. Comment ne possède-t-il qu'un seul palais antique, et nous offre-t-il la même architecture dans les pièces grecques et les pièces romaines ? Comment laisse-t-on les *comparses* et la plupart des acteurs s'habiller avec autant d'inexactitude et de ridicule ? Comment, dans la même comédie , les uns se montrent-ils avec le costume de l'ancien régime , les autres vêtus selon le plus récent journal des modes ? S'il n'est pas donné à tout le monde d'avoir du goût, de connaître le dessin et l'antiquité , ne pourrait-on pas attacher au théâtre un peintre ou un dessinateur, chargé d'y suppléer, de diriger la mise en scène des ouvrages, et d'inspecter les acteurs avant le lever du rideau ?

Pourquoi un théâtre , dont le répertoire est aussi riche, offre-t-il, dans le petit nombre de Tragédies qu'il représente , précisément celles qu'on donne le plus souvent à la rue de Richelieu ? Que ne choisit-il de préférence une foule d'ouvrages délaissés qui ont du mérite et qui auraient aujourd'hui l'attrait de la nouveauté. Pourquoi sur un théâtre, destiné à nous présenter de grands tableaux, voit-on paraître aussi fréquemment des peintures de genres ? Pourquoi, au lieu de réunir dans la même représentation le peu de sujets distingués qu'il possède, semble-t-il prendre à tâche de les diviser ? Pourquoi enfin tout ce qui se fait à ce théâtre porte-t-il l'empreinte de la négligence, du désordre et de l'ineptie ? Parce que personne ne préside à ses intérêts, qu'il lui manque un chef ferme et habile, capable de commander, et de se faire obéir ; qu'il est abandonné à vingt maîtres qui passent à se disputer, le temps qu'ils devraient employer à étudier; parce qu'enfin le Ministre qui a la surveillance des théâtres, ne peut pas s'occuper de ces détails, et qu'il faudrait cependant à leur tête, un chef qui sût entrer dans toutes les particularités faites pour intéresser le bien général.

Une inconvenance qui nuit beaucoup a l'illusion dans les représentations de ce théâtre, et qui leur donne tout l'air de représentations d'écoliers, est celle d'avoir choisi des jeunes gens pour remplir les rôles de confidens. On n'a pas réfléchi que ces confidens étaient presque toujours des hommes d'âge, des gouverneurs de jeunes princes, des ministres expérimentés en qui les rois mettaient leur confiance. Or, quelle illusion peuvent produire dans de tels rôles, des jeunes gens sans barbe et sans aplomb? Ces confidens sont plus importans et plus difficiles à jouer qu'on ne pense ; ce sont eux qui lient les différentes parties d'une pièce, qui mettent l'ensemble dans la représentation. Ils exigent, pour être bien remplis, un extérieur et une habitude de la scène que ne peut avoir un jeune homme, de quelques dispositions qu'ils soit doué.

Il s'est introduit un autre abus à l'Odéon, celui de laisser aux acteurs la faculté de s'exercer dans tous les emplois. Poussé plus loin, cet abus acheverait la perte de l'art ; les rôles n'auraient plus de caractères, les emplois plus de physionomie. Dès-lors plus d'ordre, plus de contrastes, plus d'oppositions. Et quand un acteur aurait un talent assez souple, un *physique* assez mobile, pour jouer les rôles les plus opposés, il ne pourrait jamais le faire qu'au détriment de ceux qu'il quitterait. Il n'est pas d'état où l'esprit s'abuse aussi facilement ; là, comme sur la scène du monde, personne ne se croit à sa place. *Léon,* qui ferait un bon *troisième rôle,* dont la figure longue et les yeux creux ne dépareraient point un récit lugubre, veut faire *le jeune premier,* le séducteur badin. *Dorval,* petit homme d'un jeu sage et retenu, malgré son visage fade et ses deux yeux de mouton, aspire aux rôles fougueux, il veut représenter Achille

> Dont la rage est d'un tigre, et les vertus d'un dieu.

Lindor à cinquante ans, sa figure en porte soixante ; n'importe, aucun rôle n'est trop jeune pour lui, laissez-le faire, vous le verrez bientôt jouer le petit Joas.

Les règlemens de l'Odéon, quoique vicieux, contiennent des articles qui mériteraient d'être suivis ; et il ne le sont pas, parce que l'exécution en est abandonnée à des hommes qui les adoptent ou les rejettent, selon qu'ils y trouvent ou non leur avantage personnel. Ainsi ils prescrivent de donner tous les mois une pièce nouvelle en 5 actes, et l'on ne remet pas même une pièce de l'ancien répertoire ; ils prescrivent de désigner au moins huit jour à l'avance, les ouvrages qui doivent être représentés afin de laisser aux acteurs le temps de s'y préparer ; et à peine les désigne-t-on la veille. Aujourd'hui l'affiche annonce un spectacle pour le lendemain ; le lendemain elle en annonce un autre. Les amateurs éloignés se méfient de l'affiche, ils y regardent a deux fois avant d'entreprendre le voyage de l'Odéon. Mille autre motifs concourent ainsi à dégouter le public d'un théâtre qui attirerait du monde, si on le jugeait seulement digne d'être géré avec autant de soin que l'Ambigu ou la Gaîté.

Ce n'est pas assez de diriger les comédiens dans leur conduite et dans l'accomplissement de leurs devoirs ; il faudrait qu'à un théâtre composé de jeunes gens, leur jeu et tout ce qui concerne leur art fût également surveillé. Ce n'est pas assez de leur ôter le pouvoir d'administrer, il faudrait encore qu'on leur ôtat celui de jouer comme ils veulent ; qu'on ne mit pas en scène une pièce ancienne ou nouvelle, sans qu'elle eût d'abord été répétée devant un jury, formé d'acteurs retirés et d'hommes de lettres versés dans l'étude du théâtre. Ce jury serait chargé de régler l'ensemble des représentations ; il obligerait les acteurs de se prêter à l'effet général, les éclairerait sur leurs défauts et ferait en un mot toutes les observations propres à perfectionner l'art et l'artiste. C'est ainsi qu'un second théâtre français pourrait être réellement utile , et deviendrait alors une école pratique , capable de rendre à l'art théâtral son ancienne splendeur.

Si les comédiens, quelque fameux qu'ils soient, ne laissent après leur mort aucun monument de leur talent , ne devrait-on pas avoir au moins le soin de les rendre utiles jusqu'à la fin de leur vie, et profiter du parti qu'on pourait encore tirer d'eux après leur retraite du théâtre ? Nous possédons encore des hommes précieux par leur expérience et par leurs souvenirs , et qui après avoir illustrés la scène par leurs talens, pourraient encore la servir par leurs conseils. L'émule de Lekain , le rival de Molé , *Larive , Fleury, St.-Prix , St.-Phar, Naudet,* existent encore. Tel sont les juges qui doivent-être appelés à faire partie du jury de l'Odéon. Que Votre Exc. compare à ces noms ceux des comédiens qu'on a choisies ; que pour mieux juger du comique de la préférence, elle entr'ouvre la porte de leur comité : elle rira d'abord de leur importance et de leur sottise, mais elle avouera ensuite avec douleur que l'Odéon n'a offert jusqu'à présent que la parodie d'un second théâtre français.

Loin d'être favorable au théâtre, l'Odéon, dans l'état où il est, ne peut que lui être nuisible ; il n'est bon qu'à propager les vices du système actuel de déclamation, à accréditer les mauvaises manières, à gâter le goût du public , à faciliter l'entrée de la carrière à la médiocrité, à donner aux élèves des exemples pernicieux. Ce sont les théâtres de Paris qui font la loi, ce sont eux qui servent de guide à ceux de province. A défaut de talens et d'objets de comparaison, le public s'habituera aux acteurs les plus médiocres , et finira peut-être même par les citer comme des modèles.

L'Odéon, comme je l'ai dit , n'est pas seulement vicieux dans son organisation morale ; il l'est encore dans sa construction physique. La disposition de la salle n'y est pas moins défectueuse que l'administration de la troupe ; les lois de l'acoustique et celles de la perspective y sont violées , ainsi que celles de la déclamation. Lekain trouvait déjà l'ancienne Comédie Française trop grande. Que dirait-il aujourd'hui de l'Odéon ? Incommode pour une

partie des spectateurs , désavantageux à la plupart des acteurs , ce théâtre , après avoir été
la proie des flammes , devait-il encore avoir le
malheur de tomber entre les mains d'un archi-
tecte sans goût et sans entente de la scène?
L'avantage des acteurs sera-t-il donc toujours
la chose la moins consultée en France , dans
la construction des salles de spectacle? Des gens
qui ne vont pas au théâtre pour les intrigues
de la scène , se plaignaient de voir toutes les
loges découvertes. Pour leur être agréable , on
n'y a plus fait que des loges fermées; on a voulu
éviter un extrême , et l'on s'est jeté dans un
autre. On s'est fort peu inquiété si la voix des
acteurs , engouffrée dans ces loges , et inter-
ceptée par cette quantité de cloisons , arriverait
altérée à l'oreille des auditeurs. On a imaginé ,
pour couper le feu , c'est-à-dire , pour parer
à un événement heureusement assez rare , un
très-beau rideau de tôle ; mais on a fort peu
examiné si la maçonnerie établie sous la scène ,
pour le recevoir , nuirait ou non aux accens qui
se font entendre journellement dans un théâtre ,
et si la voix varierait selon qu'elle serait diri-
gée dessus ou à côté.

On reproche aux acteurs de l'Odéon de
crier; mais ils sont portés par les dimensions

du vaisseau qu'ils ont à remplir. Souvent aussi ils paraissent crier, lorsqu'ils parlent sans effort; quelquefois ils s'époumonent, et ils sont à peine entendus. Ces effets divers proviennent de la direction que prend leur voix. Elle est forte ou faible, selon qu'elle se dirige sur le relief des combles, ou qu'elle pénètre dans la profondeur des loges ; selon qu'elle est répercutée, ou qu'elle est absorbée ; de sorte qu'on ne peut lui donner aucune direction sûre et précise ; de sorte que l'Odéon est favorable aux acteurs qui ne craignent pas de crier, défavorable à ceux qui cherchent moins à frapper fort que juste. Dans une enceinte de cette étendue, les éclats de voix, les gestes outrés des premiers s'adoucissent, tandis que le jeu mesuré et le débit naturel des seconds paraissent faibles et indécis.

On a aussi donné au plancher de la scène une pente trop forte : elle empêche l'acteur de se poser et de marcher, et nuit aux effets de la perspective. Un inconvénient plus grand, et qui s'opposera constamment à la prospérité de l'Odéon, c'est son éloignement. Il est, pour ainsi dire, hors de Paris, et un second Théâtre Français devait être dans Paris. Ce sont les étrangers qui alimentent les spectacles ; ils n'ha-

bitent pas le faubourg Saint-Germain. A l'excep-
tion des étudians en droit et en médecine, les
habitans du quartier fréquentent peu l'Odéon.
Les jours de foule, après le spectacle, on voit
le monde refluer vers les ponts, et les étudians
eux-mêmes vont de préférence aux spectacles
de l'autre quartier, où les attire plus d'objets
de divertissement.

Si l'on a voulu établir une véritable concur-
rence entre les deux théâtres, il fallait leur
donner les mêmes avantages de localité. C'est
sur le même terrain que doivent lutter des
combattans. L'emplacement du théâtre Favard,
ses dimensions, tout appelle le second théâtre
dans son enceinte. Les gens du monde, soit
prévention, soit toute autre cause, ne vont pas
au théâtre du faubourg Saint-Germain, et, en
fait de théâtre, les gens du monde sont meil-
leurs juges que les savans. C'est du goût, c'est
un tact fin et délicat, acquis par l'usage de la
société, qu'il faut apporter en matière de
beaux-arts.

Le faubourg Saint-Germain a besoin d'un
théâtre, me dira-t-on ; mais est-ce une raison
pour lui sacrifier l'intérêt de la scène française ?
Ne peut-on le favoriser qu'à son détriment ?
Pourquoi ne pas y replacer les bouffes ? Le chant

redouterait, moins que la déclamation , l'étendue de la salle. Les bouffes sont d'ailleurs suivis par les gens à équipage, qui ne regardent point aux distances. Pourquoi même , s'il est nécessaire , ne pas leur adjoindre , comme par le passé , la troupe de M. Picard? Ce serait un moyen d'en débarrasser le second théâtre français. Qu'ont de commun les pièces de son répertoire avec les chefs-d'œuvre qui constituent celui de la scène française? Il importe de bannir au plus vite du second théâtre, des acteurs qui, habitués à jouer *le genre* , sont dans l'impossibilité de se défaire de leur manière et de donner aux ouvrages classiques la couleur qu'ils exigent.

Il semble qu'on ait eu peur de créer un second théâtre. On a voulu ménager des intérêts particuliers , et l'on a immolé l'intérêt public. Tout en paraissant seconder le vœu du gouvernement, ses agens ont tout fait pour qu'il ne fût pas rempli. Le gouvernement lui-même n'a pas voulu le second théâtre d'une manière ferme et décidée : il le permet plus qu'il ne le protége. Ne doit-on pas être surpris , en lisant l'ordonnance qui concerne son institution , d'y trouver ces mots : *Le second Théâtre Français sera gouverné par des comédiens* A LEURS RISQUES

ET PÉRILS? telle est l'importance qu'on y attache.
Ainsi un théâtre, auquel se rapportent tant
d'intérêts recommandables, est abandonné à la
merci de quelques comédiens. Ces comédiens,
qui ne devraient avoir à s'occuper que de leur
état, dont l'existence devrait être à l'abri de
toute inquiétude, soutiendront le poids d'un
établissement aussi important. à *leurs risques
et périls !* Les danseurs et les chanteurs de
l'Opéra sont-ils chargés d'administrer ce théâtre
à leurs risques et périls ? Non, parce que
le gouvernement veut qu'il existe et qu'il
prospère. Aussi prospère-t-il malgré toutes les
difficultés, tous les embarras d'une administration bien autrement compliquée.

Je crois donc devoir répéter à Votre Exc.
que, lorsque la gouvernement le voudra, la
scène française prospérera : elle n'a besoin
que d'une main fermement disposée à la protéger, et à en extirper des abus faciles a dé-
truire, des abus qui ne s'y sont introduits que
par l'abandon où l'autorité l'a laissée languir.
Les réformes que je propose à Votre Exc.
sont appuyées sur des faits : elles sont désirées
par tous les amis de l'art théâtral, par tous
les auteurs dramatiques et par tous les acteurs
francs et sincères ; Votre Exc. ne se bor-

nera pas à en reconnaître la nécessité ; elle voudra les mettre à exécution; c'est à elle qu'en appartient l'honneur. Il sied au guerrier qui a si puissamment contribué au succès de nos armes, d'être le régénérateur d'un art si intimement lié à la gloire nationale.

Je suis avec le plus profond respect , etc.

Un Comédien.

PARIS. — De l'Imprimerie de P.-N. Rougeron ,
rue de l'Hirondelle , N.º 22.